A. MATHIEU

Avocat à la Cour d'Appel de Paris, ancien Député.

DES SOCIÉTÉS

PAR ACTIONS

A PROPOS DE L'AFFAIRE DU CRÉDIT MOBILIER

RÉPONSE

Aux adversaires de la Loi du 24 Juillet 1867.

Extrait du Journal LE RENTIER.

DES SOCIÉTÉS PAR ACTIONS

A PROPOS DU PROCÈS DU CRÉDIT MOBILIER

DES SOCIÉTÉS PAR ACTIONS

A PROPOS DE

L'AFFAIRE DU CRÉDIT MOBILIER

RÉPONSE

Aux adversaires de la Loi du 24 Juillet 1867

PAR

A. MATHIEU

Avocat à la Cour d'Appel, ancien Député,
Rapporteur de la Loi.

AMIENS
Imprimerie ÉMILE GLORIEUX et Cie, rue du Logis-du-Roi 13
—
1875.

En réunissant ces articles, nous reproduisons la
Lettre écrite à l'honorable Directeur du Journal le
Rentier dans lequel ils ont paru. Cette Lettre en
marque l'origine, le caractère et le but.

Mon cher Monsieur,

Vous me conviez à dire à vos lecteurs mon avis sur les
graves questions agitées et résolues dans le récent procès du
Crédit Mobilier, et en général sur les réformes dont on semble
menacer la loi de 1867.

J'hésite un peu, je l'avoue, à répondre à votre désir. Je suis
certain, en combattant l'arrêt de la 1re Chambre de la Cour
de Paris, de ne m'écarter en rien du respect dû à la Justice.
Mais ma critique ne sera-t-elle pas affaiblie par cette pensée
que l'avocat vaincu cherche une revanche et une consolation
pour son amour-propre blessé ; et ne prêtera-t-on pas, chari-
tablement, un sentiment analogue au rapporteur de la loi
de 1867 ?

Si tel est votre avis, je vous autorise à condamner à l'oubli
les pages que vous allez lire. Et pourtant je puis me rendre
ce témoignage, qu'en les écrivant je cède à une conviction que
rien ne pourra ébranler, car elle repose sur une certitude à
laquelle je ne puis renoncer qu'en me séparant, en quelque
sorte, de moi-même.

Je ne sais si vous connaissez le supplice qui consiste à voir
altérer par des récits inexacts des faits dont vous avez été le
témoin ; des faits empreints d'une façon indélébile dans votre
souvenir, et dont vos sens et votre esprit vous rappellent les
moindres détails. Eh bien ! jugez alors ce que peut souffrir un

homme qui a assisté à l'élaboration d'une loi, qui en a écrit les termes, après les avoir pesés, et qui voit, sous ses yeux, méconnaître et dénaturer sa pensée par des magistrats, hommes de science et de bien, mais qui, sans le vouloir assurément, refont la loi sous prétexte de l'interpréter et de l'appliquer !

Telle est ma situation ; et vous comprenez la lutte qui s'engage en moi, entre le désir d'affirmer la vérité, et la crainte de paraître à la fois suspect et téméraire en la défendant.

J'éprouve, d'ailleurs, un certain embarras. Si les questions engagées dans l'affaire du Crédit Mobilier sont nettes et précises, il n'en est pas de même des *modifications* dont la loi de 1867 peut paraître susceptible aux Ministres qui ont institué la Commission chargée de les rechercher. Je courrais risque de m'égarer en essayant de pressentir les critiques dirigées contre la loi actuelle ; aussi en examinerai-je une seule, celle qui a trait à la suppression de l'autorisation exigée par l'article 37 du Code de commerce, sous l'empire duquel ont vécu pendant soixante ans les Sociétés anonymes.

Ce que je me propose donc de traiter successivement, pour répondre à votre désir, c'est :

1° La liberté en matière de Sociétés par actions anonymes ou autres ;

2° La souscription du capital et le versement du quart ;

3° La question des actions de priorité ;

4° La composition des assemblées générales d'actionnaires ;

5° Les pouvoirs des assemblées générales.

Agréez, etc.

A. MATHIEU,

Avocat à la Cour d'appel, ancien Député.

Paris, 20 avril 1875.

SOCIÉTÉS PAR ACTIONS

A PROPOS DU PROCÈS DU CRÉDIT MOBILIER

---

§ I

Autorisation ou Liberté.

Liberté ou *autorisation*, telle est l'alternative, et vraisemblablement le principal problème qui se pose en face de ceux qui rêvent la réforme de la loi de 1867.

A mon sens, ce n'est pas aux *Sociétés anonymes* qu'il faut en restreindre l'examen. Si les *Sociétés en commandite* en diffèrent par la responsabilité indéfinie des gérants, c'est là, dans la pratique, une différence plus nominale que réelle. On sait, pour peu qu'il s'agisse d'un capital considérable, ce que valent les garanties offertes par la gérance. Comme les Sociétés anonymes, les Sociétés en commandite par actions sont, avant tout, des associations de capitaux. La liberté laissée aux unes, tandis que les autres seraient replacées sous le régime de l'autorisation, constituerait, dans l'état des faits économiques, une inconséquence. Toute distinction doit donc être, selon moi, repoussée, et je me propose d'examiner le problème au point de vue des *Sociétés par actions* en général.

En dehors de la question elle même, une chose grave est à considérer ; c'est le caractère *international* des lois commerciales, les principes économiques nouveaux qui président, depuis 1860, aux rapports des différentes nations de l'Europe, et la législation spéciale qui régit, en matière de Sociétés commerciales, celles de ces nations auxquelles nous lient le plus fréquemment nos intérêts.

Avant les Chemins de fer et la Télégraphie électrique, le commerce a rapproché les peuples. A mesure que leurs rapports sont devenus plus nombreux et plus rapides, à mesure que leurs intérêts se sont plus étroitement mêlés, l'unité dans les lois qui réglaient ces rapports est apparue comme un progrès désirable.

Cette unité relative, elle existe dans les contrats qui, par leur nature, servent plus que d'autres de lien aux nations commerçantes. Le contrat de change, le contrat d'assurance, les lois relatives au droit maritime, s'ils diffèrent par quelques traits, se ressemblent quant aux conditions essentielles, au fond des choses, chez tous les peuples civilisés.

Si je ne me trompe, sous le ministère de M. Béhic, alors Ministre de l'Agriculture, du Commerce et des Travaux publics, une commission avait été instituée pour préparer et réaliser, autant que possible, cette unité, au moins dans les lois relatives au commerce de mer.

Un grand fait économique, d'ailleurs, le libre échange et les lois qui, à partir de 1860, ont inauguré en France ce régime, sont venus ajouter un puissant motif à ceux qui militaient en faveur de cette unité.

Les prohibitions étaient des barrières qui séparaient les peuples. Du moment où ces barrières s'abaissaient, il était difficile de laisser subsister, dans les lois qu'on a appelées avec justesse « *le droit international privé* », des différences qui, si elles sont graves, constituent un obstacle à la sécurité et à la confiance des rapports.

Bien avant les traités de 1860, ces vérités avaient été aperçues. Elles s'étaient comme imposées aux Gouvernements, avertis par les intérêts ; et elles avaient trouvé leur consécration précisément en matière de Sociétés par actions.

Là où les *Sociétés anonymes*, par exemple, étaient soumises au régime de l'autorisation, comme en Belgique et en France, avant la loi de 1867, on se demandait si elles avaient une existence légale en dehors du Pays qui leur avait donné l'autorisation ; si elles étaient des personnes civiles dont les droits dussent être reconnus par les tribunaux et respectés par les citoyens.

Je n'entrerai pas dans les détails de cette controverse ; quelques traits suffiront pour la caractériser.

A partir de 1815, des Société anonymes étrangères, notamment des Sociétés d'assurances, ayant fait des opérations en France, les Sociétés françaises réclamèrent ; *elles demandèrent que cette concurrence nuisible à leurs intérêts fût écartée.*

Le Ministre de l'Intérieur et le Ministre du Commerce répondirent qu'il n'existait aucun moyen répressif dans notre législation ; que seulement on pouvait opposer aux Sociétés étrangères le défaut d'existence légale et leur refuser le droit d'ester en justice devant les tribunaux français.

Une réclamation en sens inverse se produisit en 1844.

Une Société française s'adressa au Ministre du Commerce

et lui annonça qu'elle était exclue de Belgique où elle fonctionnait depuis dix ans.

Le Ministre répondit que le Gouvernement belge était dans son droit, et que le Gouvernement français ne pouvait intervenir dans une semblable question.

Une décision judiciaire ne tarda pas à mettre en lumière ce conflit. En 1849, un arrêt de la Cour de Cassation de Belgique jugea, en audience solennelle, toutes Chambres réunies, que les Sociétés anonymes françaises n'existaient pas légalement en Belgique.

L'opinion publique s'émut.

On comprit que si les Sociétés françaises n'étaient pas admises sur le territoire belge, les Sociétés belges ne seraient pas admises en France.

Les Chambres de Commerce de Valenciennes, de Paris, de Nantes, d'Amiens, de Clermont-Ferrand, de Montpellier, d'Orléans et de Reims demandèrent au Ministre du Commerce que le Gouvernement français voulût bien intervenir *par voie diplomatique, afin de régler d'une manière générale la position réciproque des Sociétés anonymes.*

L'occasion s'offrit de faire droit à ces intelligentes réclamations ; ce fut le traité de commerce entre la France et la Belgique, auquel fut ajoutée, sous la date du 27 février 1854, une déclaration par laquelle, en vue de faire cesser le conflit, le Gouvernement belge s'engageait à présenter aux Chambres législatives « un projet de loi qui aurait pour objet d'autoriser les Sociétés anonymes et les autres associations qui sont soumises à l'autorisation du Gouvernement français, et qui l'auront obtenue, à exercer leurs droits et à ester en justice, conformément aux lois du pays, et *moyennant réciprocité de la part de la France.* »

L'engagement a été acquitté et une loi conforme a été pro-
mulguée en Belgique, le 14 mars 1855.

La *réciprocité* stipulée a amené *en France* une loi identique,
celle du 30 mai-11 juin 1857, spéciale aux Sociétés anonymes
belges, mais dont les dispositions peuvent être (art. 2) appli-
quées à tous les pays, par décret impérial, rendu en Conseil
d'Etat.

Depuis lors de nombreux décrets ont été rendus en ce sens ;
et, si mes souvenirs ne me trompent pas, il n'est pas un pays
en Europe dont les Sociétés anonymes ne soient soumises
à ce régime de la *réciprocité*.

Et qu'on ne s'y trompe pas ; bien que le texte semble
limiter l'application de la loi aux Sociétés anonymes soumises
à la nécessité de l'autorisation et qui l'ont obtenue ; en fait, les
décrets l'ont appliquée indistinctement à toutes les Sociétés
commerciales.

Et comment en eût-il été autrement, depuis la loi de 1863
qui, sous le titre de *Sociétés à responsabilité limitée*, créait la
Société anonyme libre, en limitant seulement son capital à 20
millions, et surtout depuis la loi de 1867 ?

Ainsi donc, les Sociétés étrangères ont, en France, une
existence légale, le droit d'ester en justice. Elles y peuvent
faire librement concurrence aux nôtres.

Eh bien, si ces Sociétés, *anonymes ou autres*, sont dégagées
des entraves de l'autorisation, n'y a-t-il pas une sorte d'inconséquence à maintenir sous ce joug les Sociétés françaises de
même nature ?

C'est ce qu'exprimait, en ces termes, le Rapport de la Commission du Corps législatif, en 1867 : « Comment imposer
» l'autorisation à nos nationaux ; comment ne pas les armer,

» en vue de la concurrence des capitaux étrangers, de la
» liberté que ceux-ci tiennent de la loi de leur pays et des lois
» internationales ? S'il est une législation dont l'unité soit
» désirable, disons mieux, nécessaire, c'est la législation com-
» merciale, car à une époque comme la nôtre surtout, où la
» rapidité et la multiplicité des échanges mêle et confond les
» intérêts et les peuples, les règles qui président à ces rap-
» ports constituent une sorte de droit des gens dont l'unifor-
» mité doit être le caractère essentiel. »

Dès cette époque (1867), la *liberté* tendait à devenir la règle
en matière de Sociétés anonymes.

En Angleterre, les Sociétés auxquelles la loi de 1863 avait
emprunté leur titre « Limited » ne sont autre chose que des
Sociétés anonymes libres.

En Allemagne (je parle de 1867), si le Code de commerce
(art. 208) consacre, en principe, la nécessité de l'autorisation, l'article 249 modifie gravement cette règle en réservant
aux lois territoriales (lois particulières des Etats) le droit d'en
affranchir les Sociétés. C'est un expédient adopté par la con-
férence de Nuremberg pour concilier toutes les opinions.
Lubeck, Oldenbourg et le grand-duché de Bade avaient, à des
degrés divers, usé de ce droit et inauguré la liberté.

En *Suisse* où le régime variait de canton à canton, le besoin
d'*unité* faisait préparer dès 1867 un projet de Code de commerce applicable à la Confédération entière et dans lequel on
lisait (art. 19) : « La *Société par actions n'a pas besoin de l'autorisation de l'Etat,* à moins qu'elle ne soit constituée pour une
durée de plus de 30 ans. » Et le rapporteur de cette loi, un
jurisconsulte distingué, M. le docteur Walther Munzinger,

professeur à l'Université de Berne, concluait en termes énergiques à l'adoption d'un système plus radical.

La *Belgique*, croyons-nous, depuis 1867, a fait disparaître, en matière de Sociétés anonymes, la nécessité de l'autorisation qu'elle tenait de notre Code de commerce.

Comment, au milieu de ce mouvement, demeurer immobiles ! Que dis-je, comment revenir en arrière, après avoir donné le branle aux autres ; et nous ramener à l'*autorisation* quand partout, autour de nous, les nations avec lesquelles luttent notre commerce et notre industrie se confient à la liberté et font de sa force un levier !

Que la liberté, en cette matière comme en toute autre, ait ses périls, qui le nie ? Il en est ainsi de toutes les conceptions humaines. Chercher des solutions irréprochables, c'est un rêve. La sagesse consiste à peser, en toute chose, les inconvénients et les avantages, et à prendre le parti qui semble le meilleur.

En 1867, voici le parallèle qu'établissait le rapport de la Commission législative entre le régime de l'autorisation et la liberté :

« Personne ne songe à méconnaître les services que, sous
» cette forme (l'autorisation), et malgré les entraves qui la
» gênaient, l'esprit d'association a rendus au commerce et à
» l'industrie en France...

« Mais à quoi sont dûs ces services ? Est-ce uniquement à
» l'autorisation du Gouvernement ? N'est-ce pas à la forme
» anonyme prise en elle-même ? Et croit-on sérieusement
» qu'avec l'autorisation administrative de moins, cette forme
» de Société sera impuissante à réunir désormais les capitaux
» nécessaires, en vue d'entreprises semblables à celles qui,

» dans le passé, ont été son titre d'honneur et l'une des sour-
» ces de la prospérité du pays ?

« Pour être exact et juste, il faudrait savoir ce que les len-
» teurs administratives, l'esprit de réserve défiant, qui est
» une des vertus de l'administration, a écarté d'affaires dé-
» couragées et pour lesquelles, avec l'opportunité, les capi-
» taux avaient disparu.

« Que les capitaux, placés ainsi sous la tutelle et le contrôle
» de l'État, aient pu courir moins de hasards ; que les faillites
» aient été plus fréquentes pour les Sociétés en commandite ;
» que la justice répressive ait eu plus souvent à se mêler de
» leurs affaires, cela est vrai. La liberté a ses périls, qui en
» doute ? Mais la liberté est une force, et l'essor admirable
» pris par le commerce de la France, sous l'impulsion du
» régime économique inauguré en 1860, ne permet pas
» sérieusement de méconnaître la puissance de l'initiative
» individuelle. »

Ces réflexions n'ont pas cessé d'être vraies ; et l'expérience
en a plutôt fortifié qu'amoindri la valeur.

Où sont donc, en effet, les ruines amoncelées, depuis 1863-
1867, par la liberté substituée à l'autorisation en matière de
Sociétés anonymes ? Quels écarts a-t-on signalés ? Quelles
fraudes a-t-on réprimées qui autorisent à remanier, si près de
son origine, l'œuvre du législateur ? Un fait : l'assemblée
générale des actionnaires du Crédit mobilier du 2 mars der-
nier ; un homme et les projets que la prévention lui prête
ont motivé, de la part de deux représentants du pays, les
motions les plus extraordinaires et la création d'une Commission qui, dès à présent, met en suspicion la loi du 24
mai 1867. C'est s'émouvoir bien vite et de peu. La législation ne gagne pas à être ainsi tenue en échec. Son auto-

rité en souffre, et les pouvoirs publics ne doivent recourir à de telles mesures que quand l'expérience a parlé, et ce n'est pas ici le cas.

D'autres considérations d'ailleurs, plaident pour la liberté contre le régime prohibitif.

Ceux qui la combattent, libéraux d'hier, et autoritaires aveugles de tous les temps, semblent fermer volontairement les yeux à des vérités évidentes.

On sait ce qu'a produit, sous l'Empire, le système des emprunts nationaux, et comment, depuis nos malheurs, il a permis de réunir cette rançon formidable payée à l'ennemi.

Qu'est-ce qui a produit ces miracles, sinon la concurrence créée par l'appel à tous les capitaux, et la liberté d'initiative individuelle. Sans cela, l'œuvre était impossible ; et, à la supposer réalisable, Dieu sait ce qu'auraient coûté ces emprunts, livrés forcément à ceux qu'on appelle *les princes de la finance*.

Loin de nous la pensée de jeter, dans ce débat, une parole accusatrice ou simplement imprudente contre les maisons et les familles dans les mains desquelles se concentre par milliards la fortune mobilière, le capital. Mais sans les attaquer, il est impossible de ne pas constater leurs richesses et leur puissance. Le seul moyen de leur faire contre-poids, et d'échapper à la tyrannie de ces féodalités d'un nouveau genre, c'est de faciliter le groupement des forces isolées, en d'autres termes de créer par l'association la puissance collective qui, seule, peut lutter contre ces forces centralisées par le travail et l'intelligence de plusieurs générations, sous la loi de l'hérédité.

Or, c'est ma conviction absolue, rien n'est plus propre à cela que la liberté relative inaugurée par la loi de 1867.

2

L'autorisation, en matière de Sociétés anonymes, n'est qu'une des formes de cette tutelle de l'Etat à laquelle la France a été pliée par l'ancienne Monarchie, et qui s'appelle la centralisation.

Autant cette tutelle me semble à moi-même nécessaire là où l'intérêt public est engagé, là où la souveraineté est intéressée ; autant elle est contraire à la notion réelle des droits et des devoirs de l'Etat quand il s'agit uniquement d'intérêts privés. En quoi l'Etat en a-t-il la charge ; et pourquoi, par l'autorisation et le contrôle qui en est la conséquence, y engagerait-il sa responsabilité ?

Or, en quoi les associations de capitaux, considérées en elles-mêmes touchent-elles à la souveraineté, à ses attributions naturelles et légitimes ? Qu'une banque d'émission ne puisse s'établir sans l'autorisation de l'Etat, à la bonne heure ! Il y a là un véritable droit régalien dont la délégation implique nécessairement l'intervention du souverain. On est, il est vrai, disposé à croire que les grandes concentrations de capitaux se lient par elles-mêmes, aux intérêts généraux de la Société. C'est là une erreur. En quoi une Société qui, en groupant des forces isolées, parvient à réunir un capital de trois ou quatre cents millions, diffère-t-elle d'une famille qui possède, sur différents point du territoire européen, des établissements disposant d'un capital immense, et reliés par une solidarité énergique ? Qui oserait cependant, sous prétexte de l'intérêt général, imposer à cette famille, pour user de sa puissance financière, l'autorisation et le contrôle de l'Etat ! Eh bien l'exigence n'est pas mieux fondée quand on l'applique aux capitaux qu'une Société appelle, concentre et discipline.

Que le législateur stipule, pour ces contrats, comme il le

fait pour tous, un *minimum* de garanties ; qu'il n'abandonne pas cette grave matière à toutes les fantaisies individuelles, rien de mieux. Et tel est le but que s'est proposé la loi du 24 juillet 1867. Entre la liberté complète que voulait M. Émile Ollivier par son contre-projet, et le régime de l'autorisation, elle a choisi un moyen terme : la liberté sous la loi, la liberté subordonnée à l'accomplissement d'un ensemble de prescriptions imposées aux fondateurs et aux administrateurs, sous peine de nullité et de responsabilité ; et même sous la sanction de pénalités sévères.

Que ces prescriptions puissent être méconnues ; que la fraude se glisse parfois dans les contrats, dans les assemblées, il serait naïf de le méconnaître. C'est un mal inhérent à la nature des choses ; mais il n'est pas tel qu'il faille pour cela supprimer la liberté.

« Qu'en 1807, disait le rapporteur de la loi de 1867, on ait hésité à s'engager dans cette voie, que le principe régalien de l'autorisation ait prévalu, nous le comprenons sans peine.

» Les notions du crédit, de ses procédés et de ses instruments étaient peu connues et peu répandues. Dans l'ancien droit, la Société anonyme s'appelait *participation*. Depuis le commencement du xvi° siècle, toutes avaient été établies par des actes émanés du souverain, et l'on a pu dire avec raison, comme le rappelle l'exposé des motifs, « qu'une loi spéciale était nécessaire pour donner la vie à chacune d'elles. » Mais d'où était venue cette nécessité ? De ce que la plupart étaient investies d'un privilége dans telle ou telle branche de commerce, depuis la Compagnie de St.-Christophe, autorisée en 1626 par Louis XIII, et à laquelle nous devons nos Antilles, jusqu'à la fameuse banque de Law, constituée en Société par actions , et qui reposait, on le sait , sur le privilége de la Compagnie des Indes orientales qu'elle avait acquis , et la régie des fermes générales du royaume dont elle était chargée.

» C'est ainsi que l'idée d'autorisation est devenue , en quelque sorte, inséparable de celle de Société anonyme, sans qu'on ait distingué la Société en elle-même du privilége qui, seul, motivait l'intervention du souverain.

« Il ne faut pas croire cependant qu'en 1807, l'autorisation ait été admise sans résistance. »

La plupart des Tribunaux et des Chambres ou Conseils de commerce la repoussaient comme une gêne contraire à la liberté.

« Il se forme tous les jours, disait le Tribunal de Marseille, entre commerçants, des Sociétés anonymes par actions. Pourraient-ils donc ne s'associer ainsi qu'avec l'autorisation du Gouvernement? » Et il demandait la suppression du paragraphe qui l'exige. « *Les Sociétés par actions,* disait le Tribunal d'appel de Dijon, peuvent être d'autant plus utiles que les capitaux qui, autrefois, vivifiaient le commerce, ont disparu ; *mais pour cela, il faut qu'elles soient indépendantes de toute autorité autre que celle de la loi.* »

Tel était le sentiment des grands centres du commerce et de l'industrie.

« *L'autorisation dont il s'agit*, disait le Tribunal de commerce du Hâvre, *n'est sans doute exigée que pour les grandes entreprises qui pourraient avoir quelque connexité avec l'intérêt public, comme la Banque de France et autres établissements du même genre, et les compagnies privilégiées s'il en existe. Mais cette disposition ne doit pas être applicable à des associations particulières qui ont ordinairement lieu par actions, telles que les armements de bâtiments de commerce , des corsaires, les établissements de manufactures, etc. ; car ces entreprises sont des opérations ordinaires de commerce, qui se règlent et doivent se régler par les conventions des parties.* » Rouen pensait comme le Hâvre, et cela, il ne faut pas l'oublier, en 1807. (1)

Si le principe de l'autorisation a prévalu alors, c'est donc contre l'avis et l'intérêt du commerce, tel, du moins, que le comprenaient ses organes naturels.

Est-il difficile de deviner l'influence qui prévalut ?

L'Empire était fait, et le génie centralisateur placé à sa tête ressaisissait, dans l'autorisation, un des éléments de la souveraineté qu'il s'appliquait à relever et à agrandir. Qui sait ? les grandes concentrations de capitaux, libres sous la loi, lui apparaissaient, peut-être, comme un moyen de résistance à ce pouvoir unitaire dont il était si jaloux. Il voulait en être le maître, en présidant à leur naissance et en contrôlant les actes de leur vie. M. Locré nous apprend, en effet, que sa volonté l'emporta sur les avis qu'on vient de lire et sur les opinions qui, au sein du Conseil d'Etat, s'en étaient inspirées. Déjà, d'ailleurs, avant que le Code de commerce fût discuté, « la question était préjugée ; Sa Majesté, ajoute » Locré, frappée de l'inconvénient d'abandonner aux particu- » liers les Sociétés anonymes, avait donné ordre à son Mi- » nistre de l'Intérieur de lui faire un rapport sur toutes les » associations de cette nature qui existaient, et de soumettre » à son approbation les actes qui les constituaient. Déjà, il » était décidé qu'aucune banque ne peut s'établir sans l'auto- » risation du Gouvernement ; or, il y a parité de motifs. » Le lecteur peut juger par ce que nous disons plus haut des ban-

---

(1) Aux Tribunaux cités ici, il faut ajouter Caen, *Paris*, Abbeville, Bayonne, Nancy, Nantes, St.-Brieuc, St.-Malo, Strasbourg. Les autres gardent le silence et ne touchent ni de près ni de loin à la question.

ques d'émission à quel point M. Locré se trompe, et à quel point diffèrent des choses qui étaient ainsi confondues.

Ajoutons, pour compléter ce récit et l'enseignement qu'on y peut puiser, que, de 1791 à 1807, des Sociétés anonymes s'étaient librement établies ; car un décret du 16 janvier 1808, sans se préoccuper de la rétroactivité qui l'entachait, leur imposa, à *peine d'interdiction*, le devoir de demander l'autorisation du Gouvernement, et ce dans les six mois.

Nous sommes loin de ce temps et de ce régime. Le mouvement économique dont les progrès ont été si rapides a développé l'éducation commerciale et industrielle du pays. En se multipliant, les Sociétés de capitaux sous toutes les formes ont accoutumé les esprits à ce qui, en 1807, était le privilége du petit nombre. Comment donc l'autorisation, dont la suppression était alors réclamée au nom de l'intérêt du commerce, lui serait-elle, aujourd'hui, une garantie nécessaire ?

Nous ne voulons pas croire que ses adversaires combattent, dans la loi de 1867, une loi du second empire. Quel que soit leur mobile, avant de rétablir l'autorisation, ils envisageront le mouvement économique de l'Europe et du monde sous l'empire du libre-échange et des traités de commerce. Ils verront, parallèlement à ce mouvement, la législation commerciale et en particulier celle qui régit les Sociétés par actions se débarrasser des entraves et des gênes ; et ils se demanderont si, alors que presque partout la Société anonyme est libre, c'est l'heure pour la France de retourner au passé, de reprendre le frein de l'autorisation dont le commerce, en 1807, demandait à être affranchi.

En défendant l'œuvre de 1867, nous n'obéissons à aucune

préoccupation d'amour-propre, à aucun respect superstitieux. Seulement la vérité n'a pas cessé d'être à nos yeux ce qu'elle était alors ; et nous avons la confiance qu'elle sera respectée par les réformateurs de 1875.

§ II

Souscription intégrale du Capital et versement du quart.

L'un des griefs des adversaires de la liberté en matière de Sociétés par actions, c'est l'insuffisance des moyens propres à garantir la souscription réelle du capital et le versement effectif du quart.

C'est là une préoccupation très-légitime. Si le capital n'est pas vraiment souscrit et si le quart n'est pas versé, où est la garantie du public ? Comment vivra cette Société à laquelle manque sa base ? Quelle confiance peuvent inspirer ceux qui, en la constituant, débutent par le mensonge et par la fraude ?

La loi de 1867 a-t-elle, sur ce point essentiel, laissé les tiers sans garanties, et ses prescriptions sans sanction ?

On sait assez qu'il n'en est rien.

Non-seulement la souscription et le versement sont exigés à peine de nullité de la Société, à peine de responsabilité contre les gérants, fondateurs et administrateurs, mais l'article 405 du Code pénal est déclaré applicable (art. 15) à « ceux

qui, par simulation de souscriptions ou de versements... ont
obtenu, ou tenté d'obtenir des souscriptions ou des versements. »

'Mais, dit-on, au lieu de punir la fraude, il faudrait la prévenir ; et ce n'est pas ce que fait la loi. Semblable en cela à
celles de 1856 et 1863, elle exige la souscription du capital et
le versement du quart ; elle impose aux gérants, ou aux fondateurs, l'obligation de constater ces faits dans une déclaration
notariée, avec annexe de la liste des souscripteurs, et l'état
des versements effectués. Mais où est le contrôle ; qu'est-ce qui
garantit la réalité de ces faits et la sincérité de ces déclarations ?

Rien, nous le reconnaissons, si ce n'est la loyauté présu-
mée des déclarants et les responsabilités de toute nature qui
les menacent.

Serait-il donc si difficile de remédier au mal, et, sans porter
atteinte à la liberté, de s'assurer du versement effectif du
quart, sinon de la sincérité absolue de la souscription du
capital ?

Pourquoi, par exemple, ne pas exiger le dépôt du *quart*
versé par les souscripteurs à la Banque ou dans toute autre
Caisse publique, et la constatation de ce fait par acte notarié ?
Sans doute il y aurait là une présomption seulement et non
la preuve certaine de la réalité de la souscription. Mais un
obstacle aurait été mis à la fraude, et une garantie de plus
ajoutée à toutes celles que présente la loi, le versement du
quart, dont le dépôt pourrait être prolongé assez longtemps
pour défier la ruse, et rendre impossible toute comédie.

§ III

Les Actions de priorité.

Le procès récent du Crédit Mobilier semble avoir fait naî-
tre, en France, la question des actions de priorité. En réalité,
comme nous le disions devant la 1ʳᵉ Chambre de la Cour de
Paris, il y a longtemps que la chose existe sans le nom. Peut-
être la pratique en était-elle inconsciente ; mais aujourd'hui,
après le débat éclatant auquel on vient d'assister, il faut savoir
si elle est ou non contraire à la loi.

L'arrêt rendu par la 1ʳᵉ Chambre de la Cour de Paris, la vérité nous force à le dire, est loin de poser, à cet égard, une
règle nette et précise.

Il décide, sans doute, que « la loi fait de la valeur égale
» des actions un caractère de la Société anonyme » (art. 34
du Code de commerce). Il ajoute, ce qui n'était ni contes-
table, ni contesté, que les statuts du Crédit Mobilier font « du
» partage égal des bénéfices entre les actions, une condition
» *substantielle* du lien de droit qui se forme entre la Société
» et l'actionnaire. »

Mais l'arrêt ajoute « que les priviléges, concédés aux ac-
» tions de priorité, quant au partage des bénéfices, sont des
» dérogations à la loi du contrat (ce qui est incontestable),
» qui n'auraient pu devenir valables que si elles avaient été
» consenties par l'unanimité des actionnaires. »

D'où il résulte que *l'égalité entre les actionnaires, quant au partage des bénéfices*, n'est pas un de ces principes que les conventions doivent respecter sous peine de nullité. Car sans cela *l'unanimité* elle-même ne pourrait y toucher.

L'arrêt, en un mot, se borne à dire : Le partage égal des bénéfices est l'une des conditions essentielles de la Société de *Crédit Mobilier*. Les statuts ne donnent pas *spécialement et nommément* à l'assemblée générale le pouvoir de modifier cette condition. *L'unanimité* seule des contractants aurait pu y porter atteinte (ce que nous examinerons).

L'arrêt, d'ailleurs, sur ce point, n'est autre chose qu'un reflet des conclusions de M. l'avocat-général Hémar ; et, sans aller plus loin, nous pourrions en conclure qu'en principe, dans l'état de notre législation, rien ne fait obstacle à la création des actions de priorité.

Mais nous voudrions dégager cette thèse des à *peu près*, la mettre en pleine lumière et démontrer que, conforme aux saines notions de la morale et de l'équité, elle n'a rien de contraire à la loi.

Qu'elle soit d'accord avec la morale et l'équité, qui donc pourrait le nier ?

Voilà une Société par actions dont le capital est en partie perdu dans des affaires mal conçues ; en partie immobilisé dans des opérations dont la liquidation menace de s'éterniser. Les titres, sous l'empire de cette situation, et non par l'effet d'une spéculation à la baisse, sont dépréciés ; ils ne représentent, aux yeux du public, que la moitié de leur valeur nominale ; depuis plusieurs années elles n'ont reçu ni intérêt, ni dividende ; et cette stérilité menace de durer.

Cette Société a, pourtant, en elle, des éléments de vie et de prospérité. Elle peut se relever si on lui infuse dans les veines

un sang nouveau, c'est-à-dire un nouveau capital qui féconde-
ra les germes qu'elle contient, hâtera la réalisation des opérations dont l'immobilisation l'arrête et la paralyse.

Ce nouveau capital, nécessaire, indispensable, sans lequel
elle va végéter et peut-être périr, comment et à quelles conditions peut-elle l'obtenir?

L'*Emprunt*! son discrédit semble le lui interdire. Sous cette
forme elle ne trouvera l'argent qu'aux conditions les plus
dures. Sans doute la loi de 1807 limite à 6 0/0 le taux de
l'intérêt commercial. Mais nous nous adressons aux hommes
d'expérience; qu'ils nous disent à quel chiffre d'intérêt revien-
dra le capital qu'une Société se procurera par ce moyen. L'obligation, c'est l'action de priorité avec cette circonstance aggra-
vante, qu'étrangère aux chances dans lesquelles est engagée la
commandite, elle a privilége pour se faire rembourser sur
l'actif tout entier, y compris le capital social.

Des actions nouvelles, c'est tout autre chose. Elles lient leur
destinée à celle de l'entreprise. Le capital qu'elles représentent
s'expose à toutes les chances d'un avenir incertain, d'une ruine
possible et d'une perte totale.

Comment, alors que les actions primitives sont réduites de
moitié de leur valeur; alors que, depuis trois ou quatre années,
elles n'ont pas touché un sol à titre d'intérêts ou de dividen-
des, placer les actions nouvelles exactement sur le même rang
qu'elles, sous prétexte d'égalité. L'*égalité*, dans ce cas, ce
serait l'*inégalité* même et le contraire de l'équité.

Que les titres soient de la même valeur *nominale*; qu'elles
soient, pour cette valeur, comme les titres anciens, passibles
des dettes sociales; cela est nécessaire vis à vis des tiers et
la loi le veut ainsi.

Mais que, relativement aux actions anciennes, elles n'aient

aucun droit de préférence, aucun privilége dans la répartition des bénéfices; cela, nous le répétons, est contraire à la raison, à l'équité, et à l'égalité sainement entendue.

Elles viennent au secours d'une situation mauvaise et périclitante ; elles acceptent, en même temps que les risques de l'avenir, les conséquences d'un passé auquel elles ont été étrangères ; il faut une compensation à tout cela. Or quelle compensation plus naturelle qu'une préemption sur les bénéfices? Ces bénéfices, qui les produira, en somme, sinon ce capital nouveau auquel on marchande un droit de préférence. Singulier système qui, pour respecter le prétendu principe essentiel de la répartition proportionnelle des bénéfices, condamne la Société à n'en pas produire, et à périr!

La contre-partie n'est pas moins vraie.

Une Société a traversé une première période, et accompli une partie de son œuvre. Elle a vaincu les obstacles, le succès est venu et ses titres sont en hausse sur le marché. Cette hausse représente un accroissement réel de son actif.

Cependant, pour achever ses travaux, pour en exécuter d'autres, imprévus à l'origine et qui sont venus se rattacher à sa conception première, elle a besoin d'un capital nouveau et émet des actions nouvelles. Est-il juste que les actions soient émises au pair, comme les actions d'origine? Non. Car, à moins qu'elles ne soient toutes attribuées aux actionnaires primitifs, les souscripteurs réaliseront, au détriment de ceux-ci, un bénéfice que rien ne justifie.

Aussi qu'a-t-on fait constamment, sinon pratiquer, en fait, l'inégalité, en émettant les actions nouvelles, représentant les augmentations de capital, à un taux supérieur à celui de l'émission du capital originaire. Cela s'est fait pour la Banque de France, pour le Comptoir d'Escompte, pour le chemin du

Nord et celui de Paris-Lyon à la Méditerranée, sans parler d'un grand nombre d'autres Sociétés anonymes.

On croit répondre en disant que les actions, quoi qu'émises à un taux supérieur à leur *valeur nominale*, étaient, sans distinction entre les anciennes et les nouvelles de la même valeur, et participaient également et proportionnellement aux bénéfices ; d'où l'on croit pouvoir conclure que le principe de l'égalité n'était pas violé.

Cela n'est qu'une apparence.

Les actions de Paris-Lyon-Méditerranée, émises à 700 fr. et à 1050 fr., par exemple, et prises à ce taux sur le marché, ouvert par la Société elle-même, sont-elles, au point de vue de la participation aux bénéfices, dans la même situation que les actions primitives émises à 500 fr. ! Qui oserait le soutenir ?

La vérité (nous verrons si la loi y fait obstacle), c'est que, suivant la situation, difficile ou prospère de la Société, il faut faire au capital nouveau qu'elle appelle des conditions, quant au partage des bénéfices, qui, par leur inégalité même, ramènent à l'égalité, à l'équité toutes les actions anciennes et nouvelles.

Parmi les exemples *d'inégalité* cités dans le procès du Crédit Mobilier, il en est un, le plus usuel, le mieux entré dans la pratique, et qu'on n'a écarté que par des paroles vagues, et, à notre avis, sans portée, c'est l'amortissement des actions par voie de tirage au sort.

Sans doute c'est là une clause statutaire, applicable indistinctement à toutes les actions, et qui les fait égales devant le sort.

Mais quand le sort a prononcé, où est l'égalité? Les actions remboursées sont désormais affranchies de toute contribution aux pertes. Viennent des jours mauvais, vienne l'insuffisance de l'actif pour couvrir le passif; qui supportera le poids entier de cette ruine, sinon les actions non encore remboursées ?

Où est l'égalité dans ce cas ?

On le voit, l'inégalité, consciemment ou non, est entrée dans la pratique, parce qu'elle est dans la nature des choses. Elle ne s'était pas produite encore, sous le nom d'*actions de priorité,* et dans une forme qui affirmât aussi nettement le principe; mais la nouveauté du nom ne peut constituer l'illégalité de la chose.

Cette nouveauté, cependant, n'a peut-être pas été un des moindres obstacles au succès de la combinaison devant la justice. La France est plus routinière qu'on ne croit. Nous en avons donné en plaidant un exemple sur lequel nous devons revenir, ne fût-ce que pour réparer une erreur.

En 1830, à la veille de la révolution, deux hommes que les événements allaient porter du barreau aux premiers postes de l'État, MM. Dupin aîné et Persil (et non MM. Philippe Dupin et Odilon Barrot), soutinrent qu'une Société en commandite ne pouvait pas diviser son capital en actions au porteur. Plus tard, on a nié que les Sociétés anonymes pussent émettre des obligations. La jurisprudence a condamné ces résistances, bien avant que le titre des Sociétés fut modifié. Il en sera de même des actions de priorité : battues aujourd'hui, elles triompheront demain parce qu'elles sont une conception raisonnable, équitable et qui n'a rien de contraire à la loi.

Voyons, en effet, ce que dit la loi.

En principe, les parties sont libres de faire et de stipuler tout ce qui n'est en opposition ni avec la morale ni avec l'ordre public, ni avec une loi prohibitive, ajoutons, ni *avec l'essence du contrat* par lequel elles se lient.

Les actions de priorité ne blessent ni l'ordre public, ni la morale, cela est évident.

Blessent-elles une loi prohibitive ?

Pas davantage.

L'article 34 du Code de commerce, nous l'admettrons pour simplifier le débat, exige que les actions soient d'*égale valeur* de même que les coupons dans lesquels elles peuvent être fractionnées.

Mais cela ne signifie qu'une chose, ainsi que le reconnaissait M. l'avocat-général Hémar, « La division du capital en *titres* » *ou actions* d'un chiffre égal, représentant chacune, une part » égale du capital social. » On n'en peut tirer la conséquence que, spécialement pour les Sociétés anonymes, la loi ait fait de la répartition proportionnelle des bénéfices entre les actionnaires une règle *essentielle*, équivalente à un principe d'ordre public.

Cela serait étrange alors que l'article 38, à propos des Sociétés en commandite, se borne à dire « que leur capital peut être aussi divisé en actions » sans y ajouter « d'égale valeur. »

Enfin, l'article 34 n'est pas conçu en termes prohibitifs ; il n'est pas prescrit à peine de nullité comme le sont, par exemple, les articles de la loi du 24 juillet 1867 qui interdisent les coupures inférieures à 100 fr. et à 500 fr.

Reste à examiner si la répartition proportionnelle des bénéfices entre les associés *constitue* un *principe essentiel de contrat de Société*.

Il y a, dans tous les contrats, une distinction fondamentale entre ce qui est de leur *essence*, et ce qui est seulement de *leur nature*.

Ainsi, en matière de vente, *la chose et le prix* sont de l'essence du contrat. S'il n'y a pas un prix et une chose il n'y a pas vente. Le contrat est nul. *La garantie* est de la *nature* du contrat. La loi y oblige le vendeur, dans le silence de la convention. Mais la convention peut la modifier, l'étendre, la restreindre, même la supprimer, comme en cas de vente à *forfait*, ou aux risques et périls de l'acheteur.

Il en est de même, en matière de Société. Ce qui est de l'*essence* du contrat c'est la mise en commun par deux ou plusieurs personnes de quelque chose, dans la vue de partager le bénéfice qui pourra en résulter.

Le partage du bénéfice est donc de l'essence du contrat; et si la convention attribuait à l'un des associés la *totalité* des bénéfices, elle serait *nulle,* elle constituerait, ce qu'on appelle « *La Société Léonine.* » C'est la disposition de l'article 1855 du Code civil.

La loi, en l'absence de convention, décide que les bénéfices seront partagés proportionnellement aux mises de chacun. D'où il faut conclure que le partage égal ou proportionnel et de *la nature du contrat,* forme un de ses caractères, comme dit l'arrêt de la Cour de Paris.

Mais cette *égalité* peut être altérée par la convention. La loi le suppose, puisqu'elle ne l'applique que « lorsque l'acte de Société ne détermine point la part de chaque associé dans les bénéfices ou les pertes. » (Art. 1853. C. civ.).

Il y a mieux : les associés peuvent s'en rapporter à l'un d'eux ou à un tiers pour le réglement des parts ; et *ce réglement ne peut être attaqué s'il n'est évidemment contraire à l'équité.*

Les parts dans les bénéfices peuvent donc n'être pas proportionnelles aux mises, en d'autres termes, il peut y avoir *inégalité,* quant aux bénéfices, entre associés qui ont versé la même somme. Les actions de priorité ne sont pas autre chose.

L'arrêt de la Cour de Paris ne conteste pas cela.

Mais, rapprochant de la loi les statuts de la Société, aux termes desquels l'action donne droit à un partage égal des bénéfices, il déclare que « cette stipulation est une condition » substantielle et absolue du lien de droit qui se forme entre » l'actionnaire et la Société. » Et plus loin : « que l'égalité de » valeur des actions et le droit des actions au partage des bénéfices sont des bases constitutives, tenant à l'essence con- » tractuelle de la Société de Crédit Mobilier. »

C'est-à-dire que l'égalité, qui n'est pas de l'essence du contrat de Société considéré abstractivement, serait de l'essence de la convention spéciale qu'on appelle Société de Crédit Mobilier.

Tout cela, au premier abord, peut paraître contradictoire et difficile à comprendre.

Si la Cour veut dire que le droit au partage égal des bénéfices a été, dans la convention, l'une des principales raisons déterminantes du consentement de l'actionnaire ; et qu'entendue ainsi, cette stipulation est une condition essentielle du contrat qui s'est formé ; nous ne voulons pas y contredire.

Mais il faut s'entendre. D'abord c'est entre les actions représentant le capital originaire que cette égalité a été stipulée. Or, cette égalité est respectée, car toutes sont, relativement au capital nouveau, placées dans la même condition ; toutes sont également dominées par les actions de priorité.

La préférence accordée à ces dernières, l'intérêt plus élevé qui leur est garanti, diminue, il est vrai, la part éventuelle afférente au capital primitif dans les bénéfices. Mais sans ces actions de priorité, la Société continuerait à être stérile. Comment peut-on dire, étant donné le but de la Société, « créer des bénéfices, » que la convention est faussée, dans son élément constitutif, par une combinaison dont l'unique but est d'atteindre la fin même que la Société et l'actionnaire se sont proposée, « produire des bénéfices. »

Mais qu'importe tout cela? L'essentiel c'est que, aux yeux de la Cour comme aux nôtres, l'*égalité* ne soit pas une arche sainte, protégée par une sorte de régle d'ordre public.

Or, la Cour ne le méconnaît pas; la Société, alors qu'elle se constitue, pourrait créer des actions qui, de *valeur égale*, participeraient *inégalement* aux bénéfices.

Ce qu'elle pourrait à son début, elle le pourrait au cours de son existence. Seulement, il s'agit de savoir si, une assemblée générale extraordinaire, régulièrement constituée, a le pouvoir d'introduire une telle modification dans les statuts.

Suivant l'arrêt de la Cour, l'*unanimité* est nécessaire; c'est ce que nous allons examiner.

§ IV

Du droit des Assemblées générales.

C'est ici qu'éclate la contradiction entre la thèse que nous avons soutenue et l'arrêt de la Cour de Paris.

Suivant nous, l'assemblée générale extraordinaire, régulièrement convoquée et constituée, représentant la moitié au moins du capital social, peut introduire dans les statuts toutes les *modifications nécessaires*, pourvu que ces modifications ne soient contraires ni à la morale, ni à l'ordre public, ni à une loi prohibitive, ni à l'essence même du contrat de Société.

Suivant la Cour de Paris, à moins qu'il ne s'agisse d'une modification spécialement prévue par les statuts, la *faculté générale de les modifier* ne peut s'entendre que « des chan- » gements qui se feraient dans les limites des règles d'admi- » nistration ou d'organisation, sans altérer les bases consti- » tutives de la Société. »

Toute autre doctrine, la nôtre, est contraire à la loi et *révolutionnaire*, le mot est de M. l'avocat général Hémar.

Être traité de révolutionnaire par les conservateurs, quand, aux yeux des révolutionnaires, on n'a été, pendant toute sa vie publique, qu'un vil réactionnaire, c'est un peu dur. Est-ce mérité? Nous allons examiner cela avec calme, sans nous préoccuper ni des épithètes désagréables, ni de l'espèce de démenti que l'arrêt, après l'avocat général, a donné au rapporteur de la loi de 1867.

Ainsi, aux yeux des magistrats, c'est être révolutionnaire, en cette matière, que de ne pas subordonner les *modifications statutaires*, autres que celles touchant aux règles d'adminis-tration et d'organisation d'une Société par actions, au vote de *l'unanimité des intéressés.*

Eh bien! nous persistons dans cette doctrine condamnable. Et, que les magistrats nous le pardonnent, la doctrine opposée est, à nos yeux, contraire à la raison, à la nature et à la né-cessité des choses, contraire à l'esprit du temps où nous vivons.

Elle est contraire à l'esprit de notre temps !

En effet :

Comment se font les élections, depuis celle du simple con-seiller municipal jusqu'à celle du député ou du sénateur ?

A la majorité.

Comment votent les assemblées, celle qui siége en ce moment à Versailles et qui réunit en elle (elle l'a décidé) le pouvoir législatif et le pouvoir constituant ?

A la majorité.

Cette assemblée vient de donner au pays le Gouvernement Républicain *à une voix de majorité* ;

Et comme, grâce à Dieu, la constitution est révisable, un congrès, formé on sait comment, peut, à *une voix de majorité*, substituer à la République, une royauté quelconque ou l'empire.

Eh quoi ! cette grande Société de 36 millions d'âmes, la France, est régie par la loi de la majorité, en ce qui touche ses intérêts fondamentaux, son régime économique et financier, sa constitution même, sa vie ou sa mort ; et l'on s'étonne qu'une Société de capitaux, Société anonyme ou en commandite, soit soumise au même régime !

On s'étonne qu'une clause statutaire, essentielle nous le voulons, puisse être modifiée par une assemblée générale extraordinaire, représentant la moitié au moins du capital social, quand l'assemblée politique du pays peut légiférer valablement alors que la présence des deux tiers seulement de ses membres est constatée par l'appel nominal !

Et c'est être révolutionnaire que s'inspirer de tels exemples !

S'ils dataient d'hier ; s'ils étaient particuliers à notre pays, encore passe. Mais ils sont de tous les temps et de tous les pays où des assemblées existent ; et la règle est si nécessaire, si impérieuse qu'elle est appliquée partout où des décisions ne sont pas l'œuvre d'un seul. Est-ce que les arrêts des Tribunaux et des Cours ne sont pas rendus à la majorité ? Est-ce qu'il n'en a pas été ainsi de l'arrêt intervenu dans l'affaire même du Crédit mobilier ? Est-ce que le jury, quand il statue sur la liberté, l'honneur, la vie ou la mort d'un homme, ne juge pas, lui aussi, à une majorité déterminée par la loi ?

Pourquoi cela ?

Parce que la raison, la nature et la force des choses la commandent.

De tout temps on a compris qu'exiger d'un certain nombre d'hommes réunis, avec la variété infinie de leurs impressions, de leurs aptitudes, de leurs intérêts ou de leurs passions, l'*unanimité*, c'était demander l'impossible, et aboutir fatalement à des négations.

Et qu'on veuille bien ne pas l'oublier, plus est grand le nombre de ceux qui délibèrent, de ceux dont la présence et le vote unanimes seraient nécessaires, et plus l'impossibilité de les obtenir s'aggravera.

Pourquoi a-t-on inscrit dans le règlement de l'assemblée actuelle que la présence des deux tiers au moins de ses membres suffisait à la validité de ses délibérations !

Parce que, non seulement la mort, mais la maladie, mais des intérêts de toute nature, ne permettent jamais à un corps politique de réunir la totalité de ses membres, et qu'imposer la présence de tous, sous peine d'invalidité de ses décisions, c'était le condamner à l'impuissance.

Il en est de même et à plus forte raison de l'*unanimité* du vote.

De bonne foi, est-ce que les conditions dans lesquelles peuvent délibérer des assemblées d'actionnaires sont différentes?

Ce n'est pas seulement l'inertie, le caprice, le mauvais vouloir, le calcul intéressé et malhonnête qui, si l'*unanimité* est requise, entraveront les mesures les plus sages et les plus nécessaires ; c'est le train même de la vie. La mort ne s'arrête pas. Dans une Société qui compte 160,000 actions, il est impossible qu'au moment où une assemblée extraordinaire est convoquée, une ou plusieurs actions ne se trouvent point, à la suite d'un décès, sous les scellés, sans propriétaire déterminé, et partant incapables d'être représentées.

Autre cas : est-ce que dans cette masse, il ne se rencontre pas quelques titres perdus, à l'égard desquels leurs propriétaires, absents ou négligents, n'ont pas rempli les formalités nécessaires pour en rétablir l'équivalent dans leurs mains ?

Que sera-ce si, comme quelques novateurs le voudraient, on impose à l'action, même régulièrement acquise, une quarantaine plus ou moins longue avant d'avoir le droit de vote dans les assemblées générales !

Eh quoi ! dans ces hypothèses on admettra, comme une chose rationnelle, que *faute d'une action*, dont la représentation est matériellement ou moralement impossible, une modification grave, mais utile, qui doit sauver l'intérêt commun, lui rendre la vie et la fécondité, avorte misérablement !

C'était, il est vrai, l'avis d'un homme qui fut un publiciste éminent et un jurisconsulte de premier ordre, M. Troplong. Il dit, en effet, dans son traité des Sociétés, *publié en* 1843.

« Son omnipotence (de la majorité) ne va pas jusqu'à pou-
» voir changer les conventions primitives sur lesquelles
» s'appuie l'existence même de la Société. *Ici, la résistance*
» *d'un seul des associés suffit pour rendre inutiles les projets de*
» *la majorité : Il faut rester dans les termes du contrat ou se*
» *dissoudre; l'unanimité seule peut altérer les conditions consti-*
» *tutives de la Société, et substituer en quelque sorte un contrat*
» *à un contrat, etc, etc.* (nº 724). »

Oui, c'est cela : « Périssent les colonies plutôt qu'un principe ! »

Eh bien ! quoique la jurisprudence antérieure à la loi du 24 juillet 1867, soit conforme à cette opinion ; quoique les arrêts actuels semblent disposés à y persévérer, nous osons nous élever contre elle et dire respectueusement qu'elle est contraire à la raison d'abord et à la loi de 1867, à son texte et à son esprit.

Ah ! que M. Troplong était mieux inspiré, quand, dans une autre partie de son livre (n° 426), à propos du rôle des commanditaires et de la défense qui leur est faite de s'immiscer dans la gestion, il disait : « Mais que signifient ces » paroles ? Que dans le cours ordinaire des choses, les com» manditaires ne peuvent s'arroger le pouvoir exorbitant de » faire flotter la constitution de la Société au gré de leurs »' caprices. *Mais elles ne signifient pas que l'acte de Société* » *n'a pu réserver des modifications ; elles ne signifient pas* » *que, quand la Société subit la loi d'une nécessité impé-* » *rieuse, les associés ne pourront pas se réunir en conseil pour* » *aviser à sa conservation.* LA PREMIÈRE LOI EST DE VIVRE.

Oui, *la première loi est de vivre!* et c'est de cette vérité que la loi de 1867 s'est inspirée.

Or vivre, c'est agir ; et pour agir toute création doit être pourvue de l'organisme nécessaire à sa destination.

Qu'en principe, les conventions ne puissent être détruites ou modifiées que par le concours de toutes les volontés qui les ont formées, la loi le dit et elle a raison. Il y a là des *individus* qui ont librement réglé des intérêts contradictoires ; que chacun soit maître absolu de rompre ou de modifier le contrat ; que rien ne puisse contraindre sa volonté, rien de mieux.

Qu'on ait étendu cette règle aux Sociétés de *personnes*, à la Société en nom collectif, nous le comprenons. Là, en effet, l'être collectif, formé par des volontés individuelles, fonctionne par l'action et sous la responsabilité de ces volontés. Le nombre des intéressés est restreint, et si les divergences de vues sont à craindre, il n'y a pas, dans la nature des choses une raison suffisante, là où la convention sociale ne le stipule pas, de soumettre à la loi de la majorité une minorité dissidente.

Mais en quoi ressemblent à cela, les Sociétés par actions, avec leur capital divisé, avec ces masses d'intéressés dont le nombre peut équivaloir à la population d'une cité importante? Créations de la loi, *collectivités*, comme on parle aujourd'hui, ramenées artificiellement à *l'unité*, comment subordonner leur action, leur vie au caprice d'un seul, au hasard, à la nécessité qui peut faire obstacle à l'adhésion d'une de ces volontés dont l'ensemble constitue l'être moral?

Eh quoi! *l'unanimité*, moins une voix, aura jugé que telle modification aux statuts est indispensable, que de son adoption dépend la vie ou la mort, la prospérité ou la ruine de la Société; et la raison voudra que cette voix dissidente suffise pour tout enrayer, pour tout détruire! Que, si la loi l'ordonne, il faille s'incliner devant une telle solution, à la bonne heure. Mais qu'*a priori*, on la déclare la seule équitable et conforme au bon sens; que toute solution contraire soit condamnée comme révolutionnaire, c'est ce que l'opinion éclairée n'admettra jamais.

Ce droit d'un seul, érigé en dogme pour ainsi dire, c'est, qu'on le veuille ou non, le triomphe de l'individualisme, de l'entêtement absurde, du calcul malhonnête, des rivalités hostiles que toute entreprise rencontre facilement sur son chemin,

Assurément le droit de *l'individu* est chose, en soi, respectable; mais c'est à la condition qu'il ne soit pas l'oppression de l'intérêt collectif. Par malheur pour elle, notre société française est trop livrée à cette doctrine dissolvante *du moi*. C'est en son nom qu'on inscrit dans les constitutions politiques « les déclarations des droits de l'homme, » sans se préoccuper des devoirs, comme si l'un de ces termes n'était pas inséparable de l'autre. C'est cette triste doctrine qui fait de chaque citoyen, au lieu du serviteur respectueux de la loi, un ennemi caché, frémissant sous le joug, toujours prêt à l'éluder ou à le secouer.

De quel droit, nous le demandons, *un seul* imposerait-il à la communauté, la tyrannie de son opinion et de sa volonté, comme si elles étaient la raison même! La vérité absolue, nul ne la possède; et c'est pour cela qu'il a fallu, en dehors de la révélation et de la foi, en chercher l'expression relative, dans la loi du nombre, dans la majorité, dictant ses résolutions et les faisant subir à la minorité.

Pourquoi, ce qui est jugé nécessaire, et accepté à ce titre pour le gouvernement de ces vastes Sociétés qu'on appelle des nations, ne le serait-il pas, quand, descendant plus bas dans la sphère des intérêts, on arrive aux Sociétés qui nous occupent?

Que ce gouvernement des majorités ne soit pas organisé sans prudence; que la loi stipule des garanties pour les minorités; que la fraude et la surprise soient écartées des délibérations, et sévèrement punies, si elles y pénètrent, c'est notre avis, comme celui de nos adversaires. Et, quoiqu'on dise, c'est de ces idées générales que s'est inspirée la loi de 1867.

Ses auteurs, on l'admettra peut-être, n'ignoraient ni la règle du droit commun qui exige, pour toute modification à une convention, le concours de toutes les volontés qui y ont concouru. Ils savaient la lutte, attestée par cent arrêts de la Cour de Cassation ou des Cours d'Appel, sur la limite à assigner aux pouvoirs des assemblées générales d'actionnaires. Ils savaient les tendances restrictives de ces arrêts, là même ou les statuts contenaient, en termes généraux et vagues, le droit de modifier les statuts. Ils savaient qu'en général, ce droit était limité par la jurisprudence « aux conditions secondaires de la convention, à celles qui, comme le dit la Cour de Paris, ont trait à l'administration ou à l'organisation intérieure de la Société. »

Et c'est précisément parce qu'ils étaient pleinement éclairés à cet égard, qu'ils ont voulu mettre un terme à cet antagonisme, en organisant les assemblées générales, et en déterminant leurs pouvoirs.

L'importance de ces assemblées varie suivant leur objet.

Aussi, la loi a basé leur composition, les majorités nécessaires pour y délibérer valablement sur la nature des résolutions à prendre.

Ainsi, le capital est souscrit, le quart versé, le contrat formé. Mais il y a un apport qui ne consiste pas en numéraire dont il faut contrôler la valeur. Ce contrôle appartient à l'assemblée générale. Mais il suffira pour qu'elle délibère valablement, s'il s'agit d'une Société en commandite, « qu'elle » comprenne le quart des actionnaires et représente le quart » du capital social en numéraire. » (Art. 45 de la loi).

S'il s'agit d'une Société anonyme, dans le même cas, et dans d'autres indiqués par l'article 30, l'assemblée générale, « si elle ne réunit pas un nombre d'actionnaires représentant « la moitié du capital social, » ne peut prendre qu'une délibération provisoire. Une assemblée nouvelle doit être convoquée qui, celle-là, statue valablement si elle est composée d'un nombre d'actionnaires représentant le cinquième au moins du capital social.

L'absence de gérant, c'est-à-dire de toute responsabilité personnelle, a déterminé le législateur à exiger ce double appel à une assemblée qui ne représenterait pas, tout d'abord, la moitié du capital social. Et pourtant il ne s'agit que de la vérification des apports, de la nomination des premiers administrateurs, et du contrôle des déclarations relatives à la souscription et au versement du capital.

Viennent ensuite (art. 31) les assemblées qui ont à délibérer « sur des modifications aux statuts, ou sur des propositions » de continuation de la Société au-delà du terme fixé pour sa » durée, ou de dissolution avant ce terme » ; oh! alors, même en cas d'appel à une seconde assemblée, la première n'ayant pas réuni le nombre d'actions nécessaire, la loi ne se contente ni du cinquième, ni du quart. Elle exige impérieusement « un nombre d'actionnaires représentant au moins la moitié » du capital ».

Vainement on aura fait dix appels aux actionnaires (car la loi n'en limite pas le nombre). Si la moitié au moins du capital n'est pas représentée, *nulle modification* n'est possible.

Sincèrement, croit-on que la loi se serait montrée si sévère si elle n'avait eu en vue, comme le disait M. l'avocat-général Hémar, que les dispositions « accidentelles, contingentes des » statuts ». Pourquoi, dans ces cas, limités, suivant l'arrêt de Paris, aux conditions relatives « à l'administration et à l'or- » ganisation intérieure de la Société, » ne pas autoriser, après une première assemblée insuffisante, l'assemblée nouvelle à statuer, même là où elle réunirait simplement le cinquième ou le quart du capital social,

La loi n'a pu imposer cette condition *sine qua non* de « la
» moitié au moins » que parce qu'il s'agissait, au contraire, « de
» toucher au contrat, de faire des ratures au contrat », pour
parler comme M. l'Avocat général.

Et telle a été, en effet, sa volonté.

Ses termes, d'abord ne permettent guère d'en douter.

« Les assemblées, dit elle, qui ont à délibérer sur *des*
» *modifications* aux statuts, ou des propositions de continua-
» tion au-delà du terme fixé, etc. »

Est-ce qu'il y a là place pour une distinction entre les dispositions accidentelles contingentes des statuts, que l'assemblée
pourrait modifier, et les dispositions essentielles, auxquelles
il lui serait interdit de toucher?

Il n'y en a pas trace. C'est d'une manière générale que l'assemblée a le droit de *modifier*, c'est-à-dire de changer les
statuts, de raturer le contrat; et toute distinction, ici, est
manifestement arbitraire.

L'assemblée a, d'ailleurs, de par la loi, des pouvoirs au moins
aussi exorbitants que celui de modifier les statuts, même dans
leurs conditions essentielles. Elle peut décréter la continuation
de la Société, au-delà du terme fixé pour sa durée, c'est-à-dire
faire un contrat nouveau, engager le capital dans de nouveaux
hasards, et cela pour un temps indéfini; elle peut rompre le
contrat par une liquidation anticipée. Est-ce que, par hasard,
tout cela ne serait pas aussi grave, imposé par la simple
majorité, qu'une modification statutaire?

Vous vous trompez, nous dit-on, avec toute sorte de paroles
flatteuses. La loi de 1867 n'a pas voulu cela. « Personne n'a
» proposé, personne n'a demandé l'omnipotence des assem-
» blées. » On est resté sur le terrain de la jurisprudence, en

donnant seulement plus de sécurité et de garanties aux actionnaires.

Les magistrats ont le droit de tout dire et de tout décider. Mais ceux qui ont fait la loi, qui en ont écrit le texte et fixé l'esprit dans une discussion qui en est inséparable, ont le droit d'en appeler de ces dénégations tranchantes à l'opinion, notre juge à tous.

C'est ce que nous allons faire, non pas en opposant notre parole à des affirmations trop hardies, selon nous, mais en les discutant, et en les mettant en face de faits et de témoignages irrécusables.

Que nous oppose-t-on ?

On nous dit que l'art. 31 de la loi du 24 juillet 1867 est textuellement emprunté à celle de 1863 sur les Sociétés à responsabilité limitée ; et que rien, dans le rapport de M. Dumiral, ne révèle une innovation si grave.

Ce rapport, il est vrai, est absolument muet. Mais de quel droit fait-on parler son silence? Puis, ce qu'on oublie, M. Dumiral faisait partie de la Commission qui a préparé la loi de 1867. Or, le rapport fait sur cette loi contient le passage suivant:
« *Pour tout autre objet, modifications aux statuts, continuation*
» *de la Société ou dissolution avant terme*, les assemblées ne
» délibèrent valablement qu'autant qu'elles sont composées
» d'un nombre d'actionnaires représentant la moitié au moins
» du capital social ».

Où trouver là le germe d'une distinction? « *Pour tout autre objet, modifications aux statuts*, etc. » Est-ce que cela n'embrasse pas *tout*.

Mais le doute, en le supposant possible, cesse quand on se reporte à la discussion.

En 1863, nul n'avait songé à soulever le conflit entre

l'unanimité nécessaire pour modifier les statuts, et la majorité, ou un nombre quelconque d'intéressés.

Ce conflit s'éleva en 1867, d'abord au sujet de l'article 4, et des assemblées chargées de vérifier les apports. Citons en quelques traits.

Une première fois, le rapporteur de la loi eut à s'expliquer sur le sens de l'article 31. Répondant à M. Caley-Saint-Paul qui demandait pour les cas prévus par l'article 4, le nombre exigé par l'article 31, il disait : « *une modification des statuts, c'est* » *en réalité une convention nouvelle.* La logique, le respect » absolu des principes exigeraient pour la validité de cette » modification *le consentement de tous les intéressés, comme* » *pour le contrat originaire.* C'est par une transaction avec la » rigueur des principes que l'article 31 s'est contenté, *pour* » *ne pas aboutir à une impossibilité,* de la présence d'action- » naires représentant la moitié du capital social. »

Au cours de la même discussion, et à propos d'un amen- dement de M. Javal, M. Ernest Picard et M. Marie soutinrent *la nécessité d'un accord unanime,* dans le cas où les commis- saires nommés proposeraient de réduire la valeur des apports en nature. « S'il s'agit, disait M. Marie, de ce qui concerne » un acte de pure administration de la Société, dans ce cas, » on comprend très-bien comment une majorité peut faire loi » et par conséquent enchaîner la minorité. »

» Toutes les fois, au contraire, qu'il s'agit d'une chose » fondamentale, d'une chose constitutive de la Société, dans » ce cas la jurisprudence, et avant elle, la raison, le bon sens, » ont toujours admis que la totalité des actionnaires pouvait » seule statuer. »

Ainsi, la question est nettement posée.

Que répond le rapporteur?

Il rappelle ce qu'il vient d'opposer à M. Caley-Saint-Paul.
« Exiger l'*unanimité*, c'est vouloir en réalité, l'impossible. Il
» n'y a rien qui blesse l'équité et les principes (à se contenter
» d'une majorité), car il est toujours permis de stipuler par
» mandataire, et le quart en nombre et en somme (il s'agit
» de l'article 4) des actionnaires, n'est pas autre chose, relati-
» vement aux absents. »

Vient enfin, à l'occasion de l'article 31 un amendement de
M. Chevandier de Valdrôme, lequel aurait voulu, qu'après
une seconde assemblée qui n'aurait pas réuni la moitié au
moins du capital, on pût la réaliser par des adhésions obtenues
à domicile, en dehors de l'Assemblée générale.

On était loin de l'unanimité. Et cependant M. Marie appuyait,
de son autorité, le renvoi de cet amendement à la Commission.
Mais comment, à ce propos, caractérisait-il l'article 31 ?
« Apporter, disait-il, des modifications aux statuts, c'est
» évidemment introduire dans ces statuts des dispositions
» qui, originairement, n'y avaient pas été introduites, et sur
» lesquelles, par conséquent, les contractants, à l'origine,
» n'avaient point eu à asseoir leur volonté. *C'est donc un*
» *changement essentiel, substantiel dans le contrat.* Il en est de
» même pour la continuation de la Société au-delà de sa durée,
» ou de sa dissolution avant terme.

» Si l'on s'en était tenu aux principes rigoureux du droit,
» il aurait fallu convoquer l'*unanimité* des actionnaires. *On*
» *a pensé* que cela ne serait peut-être pas pratique, *et qu'en se*
» *maintenant dans la rigueur juridique, on courrait risque de*
» *porter atteinte à une Société en pleine existence, ou du moins à*
» *une Société qui pourrait encore suivre ses destinées au moyen*
» *de certaines modifications.* On a donc mis de côté les prin-
» cipes rigoureux : l'article 31 a écarté ces principes. *De fait,*

» *c'est la majorité des actionnaires, et non l'unanimité, qui pro-*
» *noncera. Seulement cette majorité devra, dans certains cas*
» *spéciaux, représenter la moitié au moins du capital social.*
» *Voilà le projet présenté.* »

L'article 31 avait donc trait à des changements *essentiels,*
substantiels dans le contrat.

Et le rapporteur de la loi, que disait-il?

« Quel est l'objet de cet article (l'art. 31)? Il importe que la
» Chambre ne le perde pas de vue. *Il s'agit de former entre*
» *les associés une convention, à certains égards, nouvelle.* En
» effet, il s'agit d'assemblées qui ont à délibérer sur des mo-
» difications aux statuts, ou sur des propositions de continua-
» tion de Société... ou de dissolution avant terme, *en un mot de*
» *choses qui, n'étant pas prévues à l'origine, constituent en réalité*
» *un objet nouveau de convention, une convention nouvelle.*

» Si on avait voulu obéir à la règle absolue de droit com-
» mun..... *Il aurait fallu exiger le consentement de tous.* ......
» *Mais on était en face d'une Société de capitaux,* divisée
» en un grand nombre d'actions, placées dans un grand
» nombre de mains. *Des modifications aux statuts étaient*
» *nécessaires;* SI GRAVES QU'ELLES FUSSENT, *elles intéressaient le*
» *fonctionnement et la prospérité de la Société......*

» *Alors, prenant en considération d'une part la nature même*
» *des intérêts engagés, la nature de l'être moral qu'il s'agissait*
» *de mettre en mouvement, la multiplicité des personnes*
» *qui le composaient, la difficulté, ou, pour mieux dire, l'im-*
» *possibilité véritable de les réunir et d'obtenir le consentement*
» *de tous, on a, par un véritable tempéramment, exigé seule-*
» *ment....pour la validité de l'assemblée générale, la représen-*
» *tation de la moitié au moins du capital social, et créé ainsi*
» *une grave dérogation au droit commun.* »

On le voit, le langage que le rapporteur tenait alors est exactement celui que nous tenons aujourd'hui. L'article 31 était une dérogation au droit commun, et le pouvoir donné à l'assemblée générale était celui de faire aux statuts *des modifications si graves qu'elles fussent,* c'est-à-dire « *un objet nouveau* » *de convention,* » *une convention nouvelle,* » et non pas seulement des modifications portant sur des clauses accessoires et accidentelles.

Ce n'est pas tout : à côté du rapporteur, à côté des adversaires du projet, il y avait un jurisconsulte éminent, M. Duvergier, l'un des commissaires du Gouvernement, dont le témoignage et la compétence ne peuvent être récusés par personne. Or, que dit-il, dans ses lois annotées, publiées au lendemain même de cette discussion? « ..... On a déjà vu le » motif qui a déterminé le législateur à adopter ce système. » *Il a considéré qu'en règle stricte, il faudrait l'unanimité des* » *voix pour faire un nouveau contrat. Par transaction avec la* » *rigueur du principe, il a bien voulu permettre qu'une assem-* » *blée, représentant la moitié du capital social, fît ce que l'una-* » *nimité seule pourrait faire. Mais il n'a pas voulu aller au-* » *delà...»*

Que veut-on de plus énergique et de plus précis?

Les arrêts peuvent affirmer que telle n'a pas été la pensée de la loi. Cette pensée n'en sera pas moins évidente et certaine pour qui voudra, sans prévention, en dehors des faits spéciaux d'un procès et des passions excitées contre les personnages qui y sont mêlés, interroger la loi à sa source.

L'arrêt de la Cour de Paris, d'ailleurs, offre lui-même un moyen facile d'atteindre le but que, selon nous, s'est proposé la loi.

Que dit-il, en effet ?

Qu'en dehors des objets spéciaux sur lesquels le contrat aurait expressément permis aux assemblées générales de modifier les statuts, le pouvoir de modification ne peut s'appliquer qu'à des changements qui se feraient dans les limites des règles d'administration, etc.; que, dans cette mesure, les associés sont censés s'être donné les uns aux autres le mandat de statuer souverainement, en assemblée générale, sur les modifications statutaires qu'il serait de l'intérêt de la Société d'adopter.

C'est-à-dire que l'assemblée générale a pouvoir de statuer sur les changements, *même les plus graves,* pourvu que les objets de ces changements soient prévus, c'est-à-dire indiqués dans les statuts eux-mêmes.

Suivant nous, ce pouvoir est contenu dans les expressions « modifications aux statuts, » de l'article 31. Voilà toute la différence. La croit-on si grande !

Des statuts prévoyants, pour échapper à l'interprétation de la Cour de Paris, énuméreront toutes les hypothèses qui peuvent provoquer des changements, tous « les objets spé- » ciaux, sur lesquels le pacte social peut être modifié, » se donnant ainsi les uns aux autres, par la loi conventionnelle, le mandat de statuer sur les modifications statutaires que « la Cour de Paris refuse de voir dans l'article 31 de la loi.

Il y est cependant.

La loi a parlé spécialement « de continuation de Société et » de dissolution avant terme » et les statuts y ajoutent d'ordinaire l'augmentation du capital social. Les statuts du Crédit Mobilier prévoient « la modification de l'objet même de la » Société. »

La loi organisant la vie de ces êtres moraux, dont la durée pouvait être, en quelque sorte indéfinie, 99 ans, comme les Compagnies de Chemins de fer, 60 ans, comme la Société de

Crédit Mobilier, a cru inutile et d'ailleurs impossible de prévoir et d'énumérer tous les changements dont le temps et les vicissitudes des affaires imposeraient la nécessité. Et, embrassant tout dans une formule générale, elle a investi l'assemblée du pouvoir « de modifier les statuts. »

L'*unanimité* du vote des intéressés était matériellement et moralement impossible : elle y a substitué la règle des majorités, partout acceptée et subie comme inhérente à la nature des choses. L'unanimité, c'était le néant et la mort. Elle s'est souvenu de ce que disait M. Troplong en 1863, « *la première loi est de vivre,* » et j'ai la ferme confiance que sa pensée, aujourd'hui méconnue, sortira triomphante de la lutte, car cette pensée est conforme à la raison et à la nécessité.

§ V

Du droit des minorités contre les décisions des Assemblées générales.

Il est une question qui se lie étroitement à celle du pouvoir des assemblées, c'est l'autorité de leurs décisions et les recours dont elles peuvent être l'objet.

Investir une assemblée générale du droit de statuer sur tout ce qui intéresse la Société, même quand il s'agira de modifier le pacte social dans ses conditions essentielles ; reconnaître à la majorité ce pouvoir et permettre à un actionnaire isolé d'attaquer son œuvre, comme s'il personnifiait l'intérêt social tout entier, c'est tomber dans une contradiction palpable et introduire, au sein des Sociétés, un élément d'anarchie et de désordre.

Les assemblées générales d'actionnaires ne sont pas plus infaillibles que d'autres ; qui en doute ? La présomption, cependant, quand la fraude n'a pas vicié leur composition, c'est qu'elles ont obéi au sentiment bien entendu de l'intérêt collectif. Comment alors armer un seul ou une infime minorité du droit d'attaquer leurs décisions, de jeter, par un débat public, le discrédit sur la Société, et de compromettre son avenir ?

Le droit de l'individu est respectable assurément. Mais il est dominé par l'intérêt de tous. Là où la *majorité* est, légalement, chargée de représenter et d'exprimer cet intérêt, il s'attache à ses décisions une idée de vérité et de justice qui doit la protéger contre des attaques trop faciles. D'autant plus que la plupart du temps, ces attaques seront l'œuvre de rivaux déguisés en actionnaires ou de spéculateurs effrontés.

Que faire ?

Interdire à la minorité toute critique et tout recours ! Non sans doute ; mais opposer des barrières au caprice, à l'hostilité et au calcul malhonnête, c'est-à-dire donner à la majorité, à son tour, des garanties contre la minorité.

Dira-t-on que ces garanties existent dans les tribunaux, seuls juges des griefs des adversaires dissidents.

Dieu nous garde de médire des tribunaux ! Nous ne dirons pas même qu'ils peuvent se tromper ; que placés à certain point de vue, vivant dans une atmosphère spéciale, ils peuvent condamner, par des interprétations excessives, les mesures les plus utiles à l'avenir d'une Société ; nous ne dirons rien de tout cela. Mais qui niera qu'un procès , à lui seul, soit presque toujours une cause de trouble et de discrédit pour une Société, c'est à dire un malheur qu'il faut, autant que possible, éviter.

Pour concilier le droit des minorités avec l'intérêt collectif, avec le principe d'autorité, personnifié par l'assemblée générale, il n'y a, selon nous, qu'une chose à faire, déclarer formellement qu'aucune délibération de l'assemblée, régulièrement constituée, ne pourra être attaquée que par un groupe d'actionnaires représentant au moins le 20° du capital social, et organisé conformément à l'article 17 de la loi.

Nous avons soutenu devant la Cour de Paris que tel était l'esprit de cet article. Mais son texte, nous le reconnaissons, autorise une solution contraire. Un texte précis fera cesser le doute.

Peut-on croire qu'une plainte sérieuse ne trouvera pas les adhérents nécessaires.

Quant aux actions individuelles que, dans un intérêt exclusivement personnel, un actionnaire isolé peut se croire en droit d'exercer contre la Société, ou contre le gérant ou les administrateurs, nous ne voyons aucune raison de modifier la loi.

Toutefois, les statuts feront sagement d'emprunter à la Compagnie de Suez la clause qui oblige tout actionnaire, avant de s'adresser à la justice, de soumettre ses griefs à l'assemblée générale. Il y a là une sorte de préliminaire de conciliation qui, sans nier le droit, en retarde l'exercice, et peut, dans l'intérêt de tous, prévenir un procès.

§ VI

Composition des Assemblées générales.

Les *intéressés* seuls, les actionnaires doivent composer l'assemblée générale; c'est un axiôme, pour ainsi dire. Le respect en est porté si loin que les statuts des Sociétés, presque sans exception, interdisent de s'y faire représenter par un mandataire qui n'aurait pas, lui-même, droit d'y figurer à titre d'actionnaire. On a voulu que ceux-là seuls eussent le droit de délibérer sur les affaires de la Société, dont l'intérêt, lié à sa vie et à son avenir, garantissait la loyauté et la maturité de leurs votes.

De là les dispositions sévères de l'article 13 de la loi contre « ceux qui, en se présentant comme propriétaires d'actions ou » de coupons d'actions qui ne leur appartiennent pas, ont créé » frauduleusement une majorité factice dans une assemblée » générale; ...... et ceux qui ont remis les actions pour en » faire l'usage frauduleux. »

On sait le but de la loi. Les statuts, conformément à l'article 27, déterminent le nombre d'actions qu'il est nécessaire de posséder, soit à titre de propriétaire, soit à titre de mandataire, pour être admis dans l'assemblée, et le nombre de voix appartenant à chaque actionnaire, eu égard au nombre d'actions dont il est porteur. La loi, dans le même article, et pour

les assemblées, appelées à vérifier les apports, à nommer les
premiers administrateurs et à vérifier la sincérité de la déclaration des fondateurs de la Société, limite à 10 le nombre de
voix dont un intéressé peut disposer, quel que soit, d'ailleurs,
le nombre de ses actions.

N'eût-il pas été, ne serait-il pas plus sage, plus conforme à
l'équité de ne poser aucune limite et de proportionner le nombre de voix attribué à chaque actionnaire au nombre d'actions
dont il est propriétaire ? Vainement on objecte la nécessité de
protéger les petits capitaux contre l'influence oppressive des
gros porteurs d'actions. Est-ce que l'intérêt ici ne crée pas le
droit, et n'est-il pas injuste de réduire l'influence, au sein de
l'assemblée générale, d'un propriétaire de mille, deux mille,
dix mille actions, à la mesure de celle d'un propriétaire d'un
nombre dix fois moindre. Les petits, les faibles, pour lesquels
on montre tant de sollicitude, n'ont-ils pas le droit de s'entendre, de s'unir et de lutter dans une pensée commune et en
vue d'un but commun? Et ne semble-t-il pas contraire à la raison qu'un homme qui a dans sa main la moitié, les deux tiers
du capital social, qui est exposé aux mauvaises chances dans
cette proportion, n'ait pas, sur les destinées de la Société, une
influence proportionnelle à son intérêt et à ses chances ?

La loi s'est inspirée d'autres idées. On a redouté, cela est
certain, l'influence oppressive des gros capitaux. Certains
esprits voulaient aller plus loin encore. Un amendement, repoussé il est vrai, demandait qu'aucun actionnaire, quel que
fût le nombre d'actions dont il serait porteur, ne pût jamais
avoir plus d'une voix. L'auteur de cet amendement prétendait
introduire ainsi, dans la représentation des intérêts engagés
dans les Sociétés anonymes, ce qu'il appelait « le suffrage
universel. »

Somme toute, la loi, sauf le cas prévu par le § 2 de l'art. 27 où elle limite à 10 le nombre maximum des voix à émettre par un seul actionnaire, s'en est remis aux statuts du soin de dire quel nombre d'actions ouvrirait l'accès de l'assemblée générale, et le maximum des voix dont un actionnaire pourrait disposer.

Les statuts des Sociétés, nous l'avons dit déjà, appliquent dans un sens restrictif la liberté que la loi laisse aux conventions. De là, précisément, le mal. Ceux qui ont dans les mains un grand nombre d'actions cèdent, assez naturellement il faut l'avouer, à la tentation d'échapper à ces entraves, ils se dédoublent, si on peut dire, par des aliénations plus ou moins fictives, de manière à multiplier le nombre des voix dont ils disposent. C'est contre cette fraude, que rendrait inutile le vote proportionnel à l'intérêt, que l'art. 13 de la loi a été dirigé.

A notre avis, la loi devrait être modifiée dans le sens des observations qu'on vient de lire. La sincérité des assemblées générales y gagnerait évidemment, et l'équité n'en souffrirait pas, au contraire.

Mais telle n'est pas là tendance des esprits contre lesquels nous luttons. — L'arrêt de la Cour de Paris en est la preuve. S'il admet que les reporteurs sont propriétaires et ont droit de voter, c'est à regret et avec des réserves trop significatives. « Il peut paraître excessif, dit-il, que les reporteurs, possédant » des titres d'actions qui ne font que passer entre leurs mains, » y trouvent le moyen d'influencer les délibérations d'une » assemblée à laquelle aucun intérêt sérieux ne les rattache; » mais telle est la conséquence du droit de propriété d'actions, » en l'absence de toute disposition qui réglemente le droit » d'assister aux assemblées de manière à prévenir ce genre » de fraude. »

N'est-ce pas dire clairement que c'est là une fraude, et provoquer la réforme d'une loi qui la protège. Mais quelle réforme est possible?

Le report est trop étroitement lié au mouvement des affaires de la Bourse et au Crédit public pour qu'un Gouvernement avisé veuille y porter atteinte. S'il en est ainsi, le reporteur demeurera investi du droit de propriété et de ses attributs, c'est-à-dire du droit d'assister, comme propriétaire aux assemblées générales et d'y voter. A moins qu'on ne fasse contre les reporteurs, quant à ce droit spécialement, une sorte de loi des suspects.

Comment le pourrait-on, sans porter au contrat de report un coup funeste? Quoi! j'ai acheté des titres, je les ai payés. J'ai revendu à terme, non ces titres mêmes, mais une quantité égale à celle dont je me suis rendu acheteur, et je serai exclu du droit de figurer dans l'assemblée des actionnaires, comme propriétaire et porteur de mes actions! Et pourquoi? parce que, dit la Cour de Paris, elles ne font que passer dans mes mains. Mais si mon acheteur à terme ne m'en paye pas le prix, ne s'en livre pas, est-ce qu'elles ne demeureront pas ma chose? A-t-on oublié la liquidation de février 1848, où moyennant un cours de compensation de 3 fr. sur la rente 5 0/0, si nos souvenirs sont fidèles, le vendeur fût obligé de garder des titres qui, le 23 février, étaient cotés à 118, et qui, en liquidation, ne valaient plus que 55? De quel droit, quand le reporteur est propriétaire à ce point d'être exposé à de telles catastrophes, lui dénier le droit de voter dans une assemblée générale!

Qui possèdera ce droit, si ce n'est lui? Ce ne pourra être l'acheteur, car, avec son contrat conditionnel et à terme, il n'a, quant à présent, ni la propriété, ni la possession; de sorte qu'il y aurait des titres suspendus en l'air, pour ainsi dire, et exclus du droit d'être représentés.

Mais, dit-on, le reporteur, acquéreur de la veille, et vendeur conditionnel en même temps, n'est rattaché par aucun intérêt sérieux à la Société. Comment, dans cette condition équivoque, l'admettre à peser par son vote sur ses destinées?

L'objection est-elle sérieuse, et, en tout cas, ne va-t-elle pas au-delà de son objet?

Du moment où, par un contrat de report ou autre, on est propriétaire d'actions, dont on peut se dessaisir, mais qu'on peut conserver, n'est-on pas suffisamment intéressé à l'avenir d'une entreprise; et croit-on les reporteurs, en général, moins aptes que le commun des actionnaires à juger sainement des résolutions proposées à une assemblée générale?

Et puis, si l'incapacité du reporteur tient au caractère récent de son acquisition, et à la précarité de sa qualité de propriétaire, celui-là n'est-il pas atteint du même vice qui, acheteur ordinaire, mais depuis quelques jours seulement, n'a pu encore s'identifier avec son titre, se solidariser avec l'intérêt social, et l'étudier d'assez près pour émettre un vote éclairé?

Il faut en venir à fixer un terme, une durée à la possession; à imposer un stage, une sorte de quarantaine à l'actionnaire nouveau; et c'est là, probablement qu'on voudrait en venir.

Nous ne demanderons pas de quel droit on agirait ainsi, car la loi peut tout, mais bien quel délai on assignerait à cette *quarantaine* pour purger ce vice d'un nouveau genre, la récente acquisition.

On tombe ainsi, comment ne le voit-on pas, dans l'arbitraire et, qu'on nous le pardonne, dans la puérilité.

Il y a un autre obstacle, d'ailleurs.

Vous voulez, pour les modifications statutaires graves, l'*unanimité* des actionnaires ; vous la voulez, en dépit de la force des choses qui y résiste, et vous créez vous mêmes à cette unanimité un obstacle insurmontable. Comment l'obtenir, en effet, si vous exigez de l'action, pour pénétrer dans l'assemblée et y voter, un séjour de trois mois, de six mois dans la main de son nouveau maître. Les mutations en pareille matière, elles s'accomplissent, chaque jour, par centaine et par milliers. Il y aura donc toujours des actions *en interdit* ; et jamais, dès lors, votre chimérique unanimité ne pourra se réaliser.

Et puis, à quelles difficultés ne vous heurterez vous pas?

Ces actions, au porteur pour la plupart, la propriété s'en transmet de la main à la main, c'est la possession qui fait le titre. Quelle preuve exigerez vous de l'actionnaire de la longue possession à laquelle son droit de vote sera subordonné? et s'il s'élève un doute sur son droit d'assister à l'assemblée et d'y voter, qui jugera? Ne faudra-t-il pas provisoirement l'admettre, sauf à plaider plus tard? N'insistons pas ! Un tel système est condamné d'avance.

Il faut, ou laisser les choses telles que les a faites la loi de 1867, ou donner hardiment à tout porteur le droit de voter proportionnellement au nombre d'actions qu'il représente.

Nous avons parcouru le cercle que nous nous étions tracé et nous nous arrêterions si un écho des délibérations de la Commission de réforme ne nous avait apporté quelques indices des idées qui voudraient s'y faire jour et pénétrer dans la loi.

Il en est une qu'il nous est impossible de prendre au sérieux, malgré la *gravité* du personnage qui en aurait pris l'initiative.

Le croirait-on ? Cette idée consiste à interdire aux administrateurs des Sociétés anonymes de se retirer avant le terme assigné à leurs fonctions par les statuts ou les délibérations de la Société. Forçats d'un nouveau genre, ils seraient rivés à leur chaîne, et rien ne pourrait la briser, ni le sentiment de leur dignité, ni celui de leur intérêt et de leur responsabilité.

La retraite en masse de M. le baron Haussmann et de ses collègues, dans l'assemblée générale du Crédit Mobilier du 2 mars 1875, paraît avoir été le point de départ et la cause de cette étrange proposition.

La proposition de M. de Plœuc, d'exclure tout étranger du conseil d'administration d'un chemin de fer français, a pu être appelée « *une loi contre un homme.* » Celle dont nous nous occupons s'appellerait « *une loi à propos d'un fait* ». Cela n'est pas sérieux et ne mérite pas d'être discuté.

Une autre idée s'est produite, qu'il est impossible de traiter aussi sommairement, car elle est d'origine gouvernementale.

Elle consisterait à donner *aux obligataires* un droit, *a priori,* d'investigation dans les affaires des Sociétés, leurs débitrices ; et, qui sait ? peut-être le droit d'intervenir dans leurs assemblées générales.

Cette nouveauté est écrite dans un projet de loi présenté le 15 février 1875 (*Journal officiel* du 19 mars) par M. le Ministre des Travaux publics, portant concession à la Compagnie des Houillères de Champagnac d'un chemin de fer allant de ce point, par la vallée de la Dordogne, à St.-Denis-les-Martel.

On lit à l'article 3, § 4 de ce projet :

« Tout porteur d'obligations aura le droit, comme tout
» actionnaire, en vertu de l'article 35 de la loi du 24 juillet
» 1867, de prendre communication au siége social, quinze
» jours au moins avant la réunion des actionnaires, de l'in-
» ventaire, de la liste des actionnaires et du rapport des
» commissaires. »

Ainsi, les intérêts des actions sont payés régulièrement,
l'amortissement fonctionne, le débiteur exécute fidèlement ses
engagements ; et le créancier, sans raison, sans prétexte, va
pénétrer dans le secret de ses affaires. *Tout obligataire* indistinctement aura ce droit !

Quand cette singulière proposition s'est produite au sein de
la commission, on a tenté, nous assure-t-on, de l'atténuer
pour la rendre plus acceptable. On aurait voulu forcer les
obligataires à se donner des syndics exerçant, dans l'intérêt
de tous, le droit que le projet de loi, cité plus haut, donne
libéralement à chacun. Mais, en dépit de ce tempérament,
l'idée, nous assure-t-on, n'aurait pas fait fortune ; et franche-
ment, nous le croyons sans peine, car ce n'est rien moins que
le renversement de toutes les notions connues, quant aux
relations de créancier à débiteur. Le droit du créancier,
quand il n'est pas payé, c'est de poursuivre son débiteur et de
le contraindre. Il n'y a pas lieu d'aller au-delà.

Peut-être quand le projet qui s'élabore verra le jour, s'il le
voit jamais, aurons-nous à revenir sur la loi de 1867 pour la
défendre et combattre les innovations qu'on y voudrait introduire. Nous n'avons pas la ridicule prétention de la croire
irréprochable. Elle est une œuvre humaine et, par cela même,
imparfaite. Mais, si près de son origine, alors que ses ré-
sultats, envisagés dans leur ensemble, n'ont compromis gra-

vement aucun intérêt, il n'est pas sage, à notre avis, de la dénoncer à l'opinion en menaçant de la réformer. Notre pays souffre trop de la mobilité incessante des choses depuis quatre-vingts ans. Il serait désirable que la législation échappât à cette manie révolutionnaire. Les lois qu'on modifie sans cesse ne gagnent à cela ni l'autorité, ni le respect ; on devrait le savoir, et n'y toucher qu'avec réserve.

Un grand journal attaquait, il y a quelques semaines, cette loi de 1867, comme si elle avait eu pour résultat de réaliser le rêve de M. Emile Ollivier : « La liberté d'association après la liberté de coalition. » Ce journal, soutien ardent de M. Ollivier en 1869 et 1870, a la mémoire courte. La loi de 1867 a repoussé le contre projet de M. Ollivier. Elle a voulu être, et elle est réellement, une conciliation entre la liberté et l'autorisation. Il n'est pas une seule de ses dispositions qui n'en soit une preuve.

Ses auteurs ont pensé qu'à côté du libre-échange, l'association libre, réglée cependant et contenue par la loi, était nécessaire au développement complet de la prospérité nationale. Ce sentiment n'a pas cessé d'être le nôtre, et la discussion, nous en avons la ferme confiance, le confirmera.

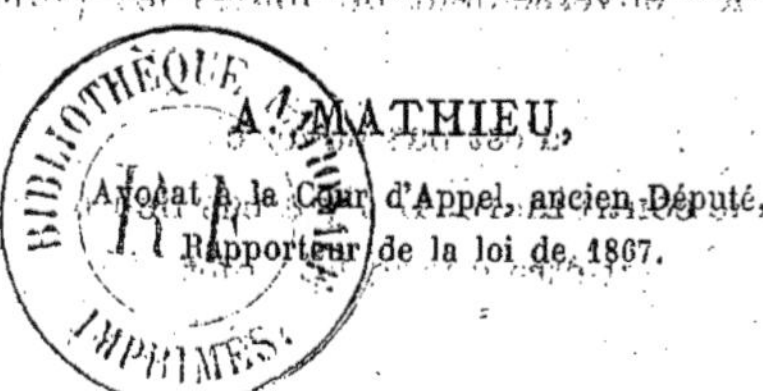

A. MATHIEU,

Avocat à la Cour d'Appel, ancien Député,
Rapporteur de la loi de 1867.

Amiens — Imp. Emile Glorieux et Cᵉ, rue du Logis-du-Roi, 13.

AMIENS

IMPRIMERIE ÉMILE GLORIEUX ET Cⁱᵉ

Rue du Logis-du-Roi, 13